담쟁이

한국대표
명시선
100

도 종 환

담쟁이

시인생각

■ 책 앞에

내 빈자리 옆에 시가 있었다

나의 문학은 가족의 해체에서 출발하였다. 중학교 다니던 무렵 부친이 사업에 실패하면서 가족이 뿔뿔이 흩어지게 되었다. 부모님은 맨손으로 강원도로 떠나셨고, 나는 외가에 맡겨졌고, 앞을 못 보시던 조부는 고모 댁에 불편한 몸을 의탁해야 했다. 어머니 아버지가 보고 싶은 어린 나는 밤이면 창틀을 붙잡고 눈물을 질금거리다가 편지를 썼다. 정말로 보고 싶고 하고 싶은 말이 많았으므로 간절하게 썼다. 쓰기 전에 국어 선생님이 가르쳐 준 대로 계절인사를 쓰기 위해 창밖을 세심하게 살피었다. 별은 떴는지 바람은 부는지 밖에 무슨 꽃이 피는지 비는 안 오는지 살펴보고 그 이야기 몇 줄을 쓴 뒤에 안부를 묻는 편지를 자주 썼다.

나의 문학은 가난에서 싹이 텄다. 어머니 아버지가 옆에 계시지 않으므로 참고서 한 권을 사달라고 말할 사람이 없었다. 문제집 한 권만 사주시면 시험을 잘 볼 것 같은데 그 말을 할 수가 없었다. 대신 책을 많이 읽었다. 종례 끝나기 무섭게 도서관으로 달려가 제일 먼저 책을 빌려 오곤 했다. 내가 다니던 청주중학교 도서관은 책이 많았고 완전 개가식으로 운영되는 도서관이라 책들을 마음대로 섭렵하고 다닐 수 있어서 그 시간이 정말 좋았다. 학교에서 가장 책을 많이 읽는 학생 중의 하나였다. 중고등학교, 대학을 다니는 동안 수학여행을 한 번도 가보지 못했다. 고등학교 때는 앨범 값이 없어 앨범을 사지 못했다. 다시 경기도로 떠난 아버지를 찾아 어머니마저 떠나신 뒤 밥을 굶는 날이 종종 있었다. 친구들이 집집마다 다니며 쌀 한 됫박씩을 모은 쌀자루를 마루에 놓고 가곤 했다.

 나의 문학은 좌절에서 시작하였다. 나는 그림을 그리는 사람이 되고 싶었다. 초중고 내내 미술반에서 그림을 그렸고, 중학교 때 만화를 그려 놓으면 동네 아이들이 오 원, 십 원씩 주고 사갔다. 커서 만화가가 되거나, 극장 간판을 그리거나, 그림 그리는 일을 하며 살 거라 생각했다. 그러나 미대를 갈 수 없었다. 미대는커녕 대학을 갈 형편이 못되었다. 결국 국가에서 등록금을 다 대주는 지방 국립사범대를 가야 했고 그중에서도 돈이 제일 안 들 것처럼 보이는 국어교육과를 선택했다. 많이 방황했고 많이 절망했고 폭음이 잦았다. 내가 문학에 끼와 소질이 있어서 그러는 줄 알고 나를 문학 서클로 불러들인 선배들 탓에 길을 잘못 들어 결국 여기까지 오고 말았다. 문학 서클 이름이 '미운오리새끼'였다. 하는 짓도 그랬다. 퇴폐적 낭만주의자로, 페시미스트로 살았다. 하이데거, 야스퍼스 등의 실존주의 철학서적 사르트르, 카뮈의 책을 읽었고, 그때까지 출간된 최인훈의 소설, 고은의 시와 산문을 빼놓지 않고 다 찾아 읽었다.

 나의 문학은 억압상태에서 벗어나기 위해 꿈틀거리곤 했다. 책의 앞날개에다 "이름 고은, 저서 이십여 권, 소주 일천 병

돌파" 이런 약력을 쓰는 고은의 거침없는 모습이 부러웠는데 언제부턴가 자신의 문학을 비실천적 소극주의였다고 반성하며 역사와 현실 쪽으로 방향을 트는 모습을 지켜보며 망설였다. 군에 있는 동안 광주민중항쟁이 터졌다. 나는 여수·순천 국도변 바리케이드 뒤에서 총을 들고 있어야 했다. 그 일이 민족현실에 뛰어들지 않으면 안 되겠다는 결심을 하게 했다. 제대 후에 작품 발표를 하고 싶은 열망에 휩싸여 있는데, 작품을 발표할 매체나 정기간행물은 폐간되고 없었다. <분단시대>라는 동인모임을 만들고 작품 활동을 시작했다. 1983년이었다. 다음해에 창비에서 첫 시집을 냈다.

나의 문학은 상실에서 비롯되었다. 젊은 아내가 암에 걸려 세상을 떴을 때 서른두 살이었다. 낳은 지 넉 달밖에 되지 않는 딸아이와 두 살짜리 아들이 있었다. 여기서 이대로 무너질 수 없어 몸부림치면서 시에 매달리게 되었다. 부당한 권력과 싸우기 위해 목숨을 걸고 있는 이들이 많은데 나 혼자 개인적인 고통과 상실의 아픔에서 헤어 나오지 못하는 것이 미안했지만, 한 사람의 아픔이든 우리가 모두 겪는 아픔이든 그 아픔에 정직해야 하는 게 시인이 가져야 할 태도 아닌가 하고 생각했다. 『접시꽃당신』이란 시집을 냈다.

나의 문학은 버림받음에서 지속되었다. 내 딴에는 선생 노릇도 제대로 해야 한다는 생각을 하며 정직하게 살아보려고 교육운동에도 참여하였지만 아이들을 두고 감옥으로 끌려가야 했고 학교에서 쫓겨나야 했다. 의절을 하겠다고 하시는 아버지나 아이들을 떠맡게 되신 어머니에게 죄스러웠다. 학교로 다시 돌아가는 데 십 년이 걸렸다. 그 십 년 동안 사회운동 변혁운동이 추구하는 정신과 문학의 역할이 하나 되는 지점을 찾으려 노력했지만 무엇 하나 제대로 이루지 못했다. 운동가는 되기가 어려웠고, 훌륭한 교사도 되지 못하였으며, 공부를 제대로 한 것도 아니고, 시가 더 나아진 것도 아니었다. 내 청춘의 가장 빛나던 시절을 좋은 세상을 만드는 일에 바친 걸 후회하지는 않지만 좋은 시를 쓰는 시인이 되지 못한 것이 안타까웠다.

 나의 문학은 아픔에서 다시 시작하곤 하였다. 대학의 겸임교수를 그만두고 시골중학교에 복직하여 오 년 가까이 학생들과 즐겁게 생활하였다. 그러던 어느 날 연수 중에 강의를 듣고 앉아 있다가 쓰러졌다. 그 뒤부터 잔병에 걸려도 낫지를 않고 병원에 다녀도 소용이 없었다. 할 수 없이 학교를 그만두고 보은군 내북면 산방으로 들어가 혼자 요양을 하며 지냈다. 적막하고 외롭고 답답하기만 한 여러 해가 지나갔다. 시집 『해인으로 가는 길』, 산문집 『그대 언제 이 숲에 오시렵니까』, 동시집 『누가 더 놀랐을까』 등의 책을 냈다.

외로움과 가난과 좌절과 억압과 상실과 버림받음과 아픔이 없었다면 나의 문학도 없었을 것이다. 나는 이제 그것들에 감사하며 그것들 하나하나가 축복이었다고 생각한다. 외롭고 가난하고 절망스럽지 않았다면 나는 문학을 하지 않았을 것이다. 좌절과 상실과 고통과 시련이 없었다면 나는 시를 쓰지 않았을 것이다. 내가 쓰러지지 않았다면 어떻게 외로우면서도 평화롭고 적막하면서도 고요한 오륙 년의 시간을 가질 수 있었겠는가. 아프지 않았다면 어떻게 혼자 깊은 산 속에서 책 읽고 글을 쓰며 몇 년씩 시간을 보낼 수 있었겠는가. 그 생각을 하며 부족하고 보잘것없는 내 시지만 그 시 그 문학에 절한다. 절뚝거리며 나를 따라온 시가 있어 나도 여기까지 왔다.

저자 도 종 환

■ 차 례 ─────────────── 담쟁이

문학적 자전_내 빈자리 옆에 시가 있었다

1
저 가을 구름 바람 위로　17
봉숭아　18
영원히 사랑한다는 것은　19
구름처럼 만나고 헤어진 많은 사람 중에　21
세월　22
당신의 무덤가에　23
옥수수밭 옆에 당신을 묻고　24
접시꽃 당신　25
가을비　28
다시 오는 봄　29

한국대표명시선100 도종환

2

눈물　33
밤　34
점　35
책꽂이를 치우며　36
산길 십 리　37
시든 국화　38
물결도 없이 파도도 없이　39
흔들리며 피는 꽃　40
낙엽　41
사연　42
사월목련　43

3

담쟁이　47
벗 하나 있었으면　48
당신은 누구십니까　49
풀잎 하나를 사랑하는 일도 괴로움입니다　51
수없이 많은 얼굴 속에서　53
끊긴 전화　54
귀가　56
칸나꽃밭　58
지는 동백꽃 보며　59
꽃나무　60

4

목백일홍　63
가죽나무　64
종례시간　66
사랑은 어떻게 오는가　68
저녁 무렵　69
산을 오르며　70
우체통　72
가구　75
시래기　76
다시 가을　77

5

산가　81

연두　82

바이올린 켜는 여자　83

나무에 기대어　85

하현　86

구인산　87

풍경　88

가을 오후　89

들국화　90

도종환 연보　91

1

저 가을 구름 바람 위로

저 가을 구름 바람 위로 별 하나 뜨고
저 가을 구름 바람 위로 별 하나 잠드네
아픈 금 몇 개를 가슴에 긋고는
꿈처럼 흔적 없이 잠기는 세월
오늘 밤 몸과 맘은 바람보다 가벼워져
저 가을 구름 바람 너머
홀로 떠난 당신을 만날 듯도 싶네
오늘 밤 몸과 맘은 바람보다 가벼워져

봉숭아

우리가 저문 여름 뜨락에
엷은 꽃잎으로 만났다가
네가 내 살 속에 내가 네 꽃잎 속에
서로 붉게 몸을 섞었다는 이유만으로
열에 열 손가락 핏물이 들어
네가 만지고 간 가슴마다
열에 열 손가락 핏물 자국이 박혀
사랑아 너는 이리 오래 지워지지 않는 것이냐
그리움도 손끝마다 핏물이 배어
사랑아 너는 아리고 아린 상처로 남아 있는 것이냐

영원히 사랑한다는 것은

영원히 사랑한다는 것은
조용히 사랑한다는 것입니다
영원히 사랑한다는 것은
자연의 하나처럼 사랑한다는 것입니다
서둘러 고독에서 벗어나려 하지 않고
기다림으로 채워간다는 것입니다
비어 있어야 비로소 가득해지는 사랑
영원히 사랑한다는 것은
평온한 마음으로 아침을 맞는다는 것입니다

사랑하는 사람을 잃는 것은
몸 한쪽이 허물어지는 것과 같아
골짝을 빠지는 산 울음소리로
평생을 떠돌고도 싶습니다
그러나 사랑을 흙에 묻고
돌아보는 이 땅 위에
그림자 하나 남지 않고 말았을 때
바람 한 줄기로 깨닫는 것이 있습니다
이 세상사는 동안 모두 크고 작은 사랑의 아픔으로
절망하고 뉘우치고 원망하고 돌아서지만

사랑은 다시 믿음 다시 참음 다시 기다림
다시 비워두는 마음으로
하나가 되어야 한다는 것입니다

사랑으로 찢긴 가슴은
사랑이 아니고는 아물지 않지만
사랑으로 잃은 것들은
사랑이 아니고는 찾아지지 않지만
사랑으로 떠나간 것들은
사랑이 아니고는 다시 돌아오지 않지만

비우지 않고 어떻게 우리가
큰 사랑의 그 속에 들 수 있습니까
한 개의 희고 깨끗한 그릇으로 비어 있지 않고야
어떻게 거듭거듭 가득 채울 수 있습니까
영원히 사랑한다는 것은
평온한 마음으로 다시 기다린다는 것입니다

구름처럼 만나고 헤어진 많은 사람 중에

구름처럼 만나고 헤어진 많은 사람 중에
당신을 생각합니다
바람처럼 스치고 지나간 많은 사람 중에
당신을 생각합니다
우리 비록 개울처럼 어우러져 흐르다 뿔뿔이 흩어졌어도
우리 비록 돌처럼 여기저기 버려져 말없이 살고 있어도
흙에서 나서 흙으로 돌아가는 많은 사람 중에
당신을 생각합니다
이 세상 어느 곳에도 없으나 어딘가 꼭 살아 있을
당신을 생각합니다

세월

여름 오면 겨울 잊고 가을 오면 여름 잊듯
그렇게 살라 한다
정녕 이토록 잊을 수 없는데
씨앗 들면 꽃 지던 일 생각지 아니하듯
살면서 조금씩 잊는 것이라 한다
여름 오면 기다리던 꽃 꼭 다시 핀다는 믿음을
구름은 자꾸 손 내저으며 그만두라 한다
산다는 것은 조금씩 잊는 것이라 한다
하루 한낮 개울가 돌처럼 부대끼다 돌아오는 길
흔들리는 망초꽃 내 앞을 막아서며
잊었다 흔들리다 그렇게 살라 한다
흔들리다 잊었다 그렇게 살라 한다

당신의 무덤가에

당신의 무덤가에 패랭이꽃 두고 오면
당신은 구름으로 시루봉 넘어 날 따라오고
당신의 무덤 앞에 소지 한 장 올리고 오면
당신은 초저녁별을 들고 내 뒤를 따라오고
당신의 무덤가에 노래 한 줄 남기고 오면
당신은 풀벌레 울음으로 문간까지 따라오고
당신의 무덤 위에 눈물 한 올 던지고 오면
당신은 빗줄기 되어 속살에 젖어오네

옥수수밭 옆에 당신을 묻고

견우직녀도 이날만은 만나게 하는 칠석날
나는 당신을 땅에 묻고 돌아오네
안개꽃 몇 송이 함께 묻고 돌아오네
살아평생 당신께 옷 한 벌 못 해주고
당신 죽어 처음으로 베옷 한 벌 해 입혔네
당신 손수 베틀로 짠 옷가지 몇 벌 이웃께 나눠주고
옥수수밭 옆에 당신을 묻고 돌아오네
은하 건너 구름 건너 한 해 한 번 만나게 하는 이 밤
은핫물 동쪽 서쪽 그 멀고 먼 거리가
하늘과 땅의 거리인 걸 알게 하네
당신 나중 흙이 되고 내가 훗날 바람 되어
다시 만나지는 길임을 알게 하네
내 남아 밭 갈고 씨 뿌리고 땀 흘리며 살아야
한 해 한 번 당신 만나는 길임을 알게 하네

접시꽃 당신

옥수수 잎에 빗방울이 나립니다
오늘도 또 하루를 살았습니다
낙엽이 지고 찬바람이 부는 때까지
우리에게 남아 있는 날들은
참으로 짧습니다
아침이면 머리맡에 흔적 없이 빠진 머리칼이 쌓이듯
생명은 당신의 몸을 우수수 빠져나갑니다
씨앗들도 열매로 크기엔
아직 많은 날을 기다려야 하고
당신과 내가 갈아엎어야 할
저 많은 묵정밭은 그대로 남았는데
논두렁을 덮는 망촛대와 잡풀 가에
넋을 놓고 한참을 앉았다 일어섭니다
마음 놓고 큰 약 한번 써보기를 주저하며
남루한 살림의 한구석을 같이 꾸려오는 동안
당신은 벌레 한 마리 함부로 죽일 줄 모르고
악한 얼굴 한 번 짓지 않으며 살려 했습니다
그러나 당신과 내가 함께 받아들여야 할
남은 하루하루 하늘은
끝없이 밀려오는 가득한 먹장구름입니다

처음엔 접시꽃 같은 당신을 생각하며
무너지는 담벼락을 껴안은 듯
주체할 수 없는 신열로 떨려왔습니다
그러나 이것이 우리에게 최선의 삶을
살아온 날처럼, 부끄럼 없이 살아가야 한다는
마지막 말씀으로 받아들여야 함을 압니다
우리가 버리지 못했던
보잘것없는 눈 높음과 영욕까지도
이제는 스스럼없이 버리고
내 마음의 모두를 더욱 아리고 슬픈 사람에게
줄 수 있는 날들이 짧아진 것을 아파해야 합니다
남은 날은 참으로 짧지만
남겨진 하루하루를 마지막 날인 듯 살 수 있는 길은
우리가 곪고 썩은 상처의 가운데에
있는 힘을 다해 맞서는 길입니다
보다 큰 아픔을 껴안고 죽어가는 사람들이
우리 주위엔 언제나 많은데
나 하나 육신의 절망과 질병으로 쓰러져야 하는 것이
가슴 아픈 일임을 생각해야 합니다
콩댐한 장판같이 바래어 가는 노랑꽃 핀 얼굴 보며

이것이 차마 입에 떠올릴 수 있는 말은 아니지만
마지막 성한 몸뚱아리 어느 곳 있다면
그것조차 끼워 넣어야 살아갈 수 있는 사람에게
뿌듯이 주고 갑시다
기꺼이 살의 어느 부분도 떼어주고 가는 삶을
나도 살다가 가고 싶습니다
옥수수 잎을 때리는 빗소리가 굵어집니다
이제 또 한 번의 저무는 밤을 어둠 속에서 지우지만
이 어둠이 다하고 새로운 새벽이 오는 순간까지
나는 당신의 손을 잡고 당신 곁에 영원히 있습니다

가을비

어제 우리가 함께 사랑하던 자리에
오늘 가을비가 내립니다

우리가 서로 사랑하는 동안
함께 서서 바라보던 숲에
잎들이 지고 있습니다

어제 우리 사랑하고
오늘 낙엽 지는 자리에 남아 그리워하다
내일 이 자리를 뜨고 나면
바람만이 불겠지요

바람이 부는 동안
또 많은 사람이
서로 사랑하고 헤어져 그리워하며
한세상을 살다가 가겠지요

어제 우리가 함께 사랑하던 자리에
피었던 꽃들이 오늘 이울고 있습니다

다시 오는 봄

햇빛이 너무 맑아 눈물 납니다
살아 있구나 느끼니 눈물 납니다
기러기 떼 열 지어 북으로 가고
길섶에 풀들도 돌아오는데
당신은 가고 그리움만 남아서가 아닙니다
이렇게 살아 있구나 생각하니 눈물 납니다

2

눈물

마음 둘 데 없어 바라보는 하늘엔
떨어질 듯 깜빡이는 눈물 같은 별이 몇 개
자다 깨어 보채는 엄마 없는 우리 아가
울다 잠든 속눈썹에 젖어 있는 별이 몇 개

밤

나의 이 그리움 당신이 가져가소서.
나의 이 외로움 당신이 가져가소서.
그러나 이 아픔 차마 못 드려 강물에 버렸더니
밤마다 해일이 되어 내게로 다시 옵니다

점

 사람에게는 저마다 자신만 못 보는 아름다운 구석 있지요 뒷덜미의 잔잔한 물결털 같은 귀 뒤에 숨겨진 까만 점 같은 많은 것을 용서하고 돌아서는 뒷모습 같은

책꽂이를 치우며

　창 반쯤 가린 책꽂이를 치우니 방 안이 환하다
　눈앞을 막고 서 있는 지식들을 치우고 나니 마음이 환하다
　어둔 길 헤쳐 간다고 천만 근 등불을 지고 가는 어리석음이여
　창 하나 제대로 열어놓아도 하늘 전부 쏟아져 오는 것을

산길 십 리

눈 밟으며 혼자 넘는 산길 십 리
이 길로 이대로 깊어지고 싶어서
아래로 몸을 내리는 낙엽송 사이에서
돌아가기 싫어서 돌아가기 싫어서
풍경 소리 혼자 어는 산길 십 리

시든 국화

시들고 해를 넘긴 국화에서도 향기는 난다
사랑이었다 미움이 되는 쓰라린 향기여
잊혀진 설움의 몹쓸 향기여

물결도 없이 파도도 없이

그리움도 설렘도 없이 날이 저문다
해가 가고 달이 가고 얼굴엔 검버섯 피는데
눈물도 고통도 없이 밤이 온다
빗방울 하나에 산수유 피고 개나리도 피는데
물결도 파도도 없이 내가 저문다

흔들리며 피는 꽃

흔들리지 않고 피는 꽃이 어디 있으랴
이 세상 그 어떤 아름다운 꽃들도
다 흔들리면서 피었나니
흔들리면서 줄기를 곧게 세웠나니
흔들리지 않고 가는 사랑이 어디 있으랴

젖지 않고 피는 꽃이 어디 있으랴
이 세상 그 어떤 빛나는 꽃들도
다 젖으며 젖으며 피었나니
바람과 비에 젖으며 꽃잎 따뜻하게 피웠나니
젖지 않고 가는 삶이 어디 있으랴

낙엽

헤어지자
상처 한 줄 네 가슴에 긋지 말고
조용히 돌아가자

수없이 헤어지자
네 몸에 남았던 내 몸의 흔적
고요히 되가져가자

허공에 찍었던 발자국 가져가는 새처럼
강물에 담았던 그림자 가져가는 달빛처럼

흔적 없이 헤어지자
오늘 또다시 떠나는 수천의 낙엽
낙엽

사연

한평생을 살아도 말 못하는 게 있습니다
모란이 그 짙은 입술로 다 말하지 않듯
바다가 해일로 속을 다 드러내 보일 때도
해초 그 깊은 곳은 하나도 쏟아놓지 않듯
사랑의 새벽과 그믐밤에 대해 말 안 하는 게 있습니다
한평생을 살았어도 저 혼자 노을 속으로 가지고 가는
아리고 아픈 이야기들 하나씩 있습니다

사월 목련

남들도 나처럼
외로웁지요

남들도 나처럼
흔들리고 있지요

말할 수 없는 것뿐이지요
차라리 아무 말
안 하는 것뿐이지요

소리 없이 왔다가
소리 없이 돌아가는
사월 목련

3

담쟁이

저것은 벽
어쩔 수 없는 벽이라고 우리가 느낄 때
그때
담쟁이는 말없이 그 벽을 오른다
물 한 방울 없고 씨앗 한 톨 살아남을 수 없는
저것은 절망의 벽이라고 말할 때
담쟁이는 서두르지 않고 앞으로 나아간다
한 뼘이라도 꼭 여럿이 함께 손을 잡고 올라간다
푸르게 절망을 다 덮을 때까지
바로 그 절망을 잡고 놓지 않는다
저것은 넘을 수 없는 벽이라고 고개를 떨구고 있을 때
담쟁이 잎 하나는 담쟁이 잎 수천 개를 이끌고
결국 그 벽을 넘는다

벗 하나 있었으면

마음이 울적할 때 저녁 강물 같은 벗 하나 있었으면
날이 저무는데 마음 산그리메처럼 어두워 올 때
내 그림자를 안고 조용히 흐르는 강물 같은 친구 하나 있었으면

울리지 않는 악기처럼 마음이 비어 있을 때
낮은 소리로 내게 오는 벗 하나 있었으면
그와 함께 노래가 되어 들에 가득 번지는 벗 하나 있었으면

오늘도 어제처럼 고개를 다 못 넘고 지쳐 있는데
달빛으로 다가와 등을 쓰다듬어주는 벗 하나 있었으면
그와 함께라면 칠흑 속에서도 다시 먼 길 갈 수 있는 벗 하나 있었으면

당신은 누구십니까

강으로 오라 하셔서 강으로 나갔습니다
처음엔 수천 개 햇살을 불러내어 찬란하게 하시더니
산그늘로 모조리 거두시고 바람이 가리키는
아무도 없는 강 끝으로 따라오라 하시는 당신은 누구십니까

숲으로 오라 하셔서 숲 속으로 당신을 만나러 갔습니다
만나자 하시던 자리엔 일렁이는 나무 그림자를 대신 보내곤
몇 날 몇 밤을 붉은 나뭇잎과 함께 새우게 하시는
당신은 어디에 계십니까

고개를 넘으라 하셔서 고개를 넘었습니다
고갯마루에 한 무리 기러기 떼를 먼저 보내시곤
그 중 한 마리 자꾸만 뒤돌아보게 하시며
하늘 저편으로 보내시는 뜻은 무엇입니까

저를 오솔길에서 세상 속으로 불러내시곤
세상의 거리 가득 물밀듯 밀려오는 사람들 사이에서
나타났단 사라지고 떠오르다간 잠겨가는

당신은 누구십니까

상처와 고통을 더 먼저 주셨습니다 당신은
상처를 씻을 한 접시의 소금과 빈 갯벌 앞에 놓고
당신은 어둠 속에서 이 세상에 의미 없이 오는 고통은 없다고
그렇게 써놓고 말이 없으셨습니다

당신은 누구십니까
저는 지금 풀벌레 울음으로도 흔들리는 여린 촛불입니다
당신이 붙이신 불이라 온몸을 태우고 있으나
제 작은 영혼의 일만 팔천 갑절 더 많은 어둠을 함께 보내신
당신은 누구십니까

풀잎 하나를 사랑하는 일도 괴로움입니다

풀잎 하나를 사랑하는 일도 괴로움입니다
별빛 하나를 사랑하는 일도 괴로움입니다
사랑은 고통입니다 입술을 깨물며 다짐했던 것들을
우리 손으로 허물기를 몇 번
육신을 지탱하는 일 때문에
마음과는 따로 가는 다른 많은 것들 때문에
어둠 속에서 울부짖으며 뉘우쳤던 허물들을
또다시 되풀이하는 연약한 인간이기를 몇 번
바위 위에 흔들리는 대추나무 그림자 같은 우리의 심사와
불어오는 바람 같은 깨끗한 별빛 사이에서
가난한 몸들을 끌고 가기 위해
많은 날을 고통 속에서 아파하는 일입니다
사랑은 건널 수 없는 강을 서로의 사이에 흐르게 하거나
가라지풀 가득한 돌 자갈밭을 그 앞에 놓아두고
끊임없이 피 흘리게 합니다
풀잎 하나가 스쳐도 살을 버히고
돌 하나를 밟아도 맨살이 갈라지는 거친 벌판을
우리 손으로 마르지 않게 적시며 가는 길입니다
그러나 사랑 때문에 깨끗이 괴로워해 본 사람은 압니다
수없이 제 눈물로 제 살을 씻으며

맑은 아픔을 가져보았던 사람은 압니다
사랑한다는 것은 결국 고통까지를 사랑한다는 것입니다
진실로 사랑한다는 것은 그런 것들을
피하지 않고 간다는 것입니다
사람이 서로 살며 사랑하는 일도 그렇고
우리가 이 세상을 사랑하는 일도 그러합니다
사랑은 우리가 우리 몸으로 선택한 고통입니다

수없이 많은 얼굴 속에서

수없이 많은 얼굴 속에서 당신의 얼굴을 찾아냅니다
수없이 많은 목소리 속에서 당신의 목소리를 찾아냅니다
오늘도 이 거리에 물밀듯 사람들이 밀려오고 밀려가고
구름처럼 다가오고 흩어지는 세월 속으로
우리도 함께 밀려왔단 흩어져갑니다
수없이 만나고 헤어지는 사람들 속에서
오늘도 먼 곳에 서 있는 당신의 미소를 찾아냅니다
이 많은 사람과 함께 가는 먼 길 속에서 당신은 먼발치에 있고
당신의 눈동자 속에서 나 역시 작게 있지만
거리를 가득가득 메운 거센 목소리와 우렁찬 손짓 속으로
우리도 솟아올랐단 꺼지고 사그러졌다간 일어서면서
결국은 오늘도 악수 한번 없이 따로따로 흩어지지만
수없이 많은 얼굴 속에서 당신의 얼굴을 기억합니다
수없이 많은 눈빛 속에서 당신의 눈빛을 기억합니다

끊긴 전화

전화벨이 울렸다 수화기를 들었다 말이
없었다 잠시 그렇게 있다 전화가 끊어졌다
누구였을까 깊은 밤 어둠 속에서 아직도
돌아가지 못하고 있다가 두근거리는 집게손가락으로
내 가장 가까운 곳까지 달려와
여보세요 여보세요 두드리다 한 발짝을
더 나아가지 못하고 넘어서지 못하고
그냥 돌아선 그는 누구였을까

나도 그러 했었다 나도 이 세상 그 어떤 곳을 향해
가까이 가려다 그만 돌아선 날이 있었다
망설이고 망설이다 항아리 깊은 곳에
비린 것을 눌러 담듯 가슴 캄캄한 곳에
저 혼자 삭아가도록 담아둔 수많은 밤이 있었다
그는 조금도 눈치채지 못한 채 나 혼자만 서성거리다
귀뚜라미 소리 같은 것을 허공에 던지다
단 한 마디 전하지 못하고 돌아선 날들이 많았다

이 세상 많은 이들도 그럴 것이다
평생 저 혼자 기억의 수첩에 썼다 지운

저리디저린 것들이 있을 것이다
두 눈을 감듯 떠오르는 얼굴을 내리닫고
침을 삼키듯 목 끝까지 올라온 그리움을 삼키고
입술 밖을 몇 번인가 서성이다 차마 하지 못하고
되가져간 깨알 같은 말들이 있을 것이다
한 발짝을 더 나아가지 못하고 넘어서지 못하고

귀가

언제부터인가 우리가 만나는 사람들은 지쳐 있었다
모두들 인사말처럼 바쁘다고 하였고
헤어지기 위한 악수를 더 많이 하며
총총히 돌아서 갔다
그들은 모두 낯선 거리를 지치도록 헤매거나
볕 안 드는 사무실에서
어두워질 때까지 일을 하였다
부는 바람 소리와 기다리는
사랑하는 이의 목소리가 잘 들리지 않고
지는 노을과 사람의 얼굴이
제대로 보이지 않게 되었다
밤이 깊어서야 어두운 골목길을 혼자 돌아와
돌아오기가 무섭게 지쳐 쓰러지곤 하였다
모두들 인간답게 살기 위해서라 생각하고 있었다
우리의 몸에서 조금씩 사람의 냄새가
사라져 가는 것을 알면서도
인간답게 살 수 있는 터전과
인간답게 살 수 있는 시간을
벌기 위해서라 믿고 있었다
그러나 오늘 쓰지 못한 편지는

끝내 쓰지 못하고 말리라
오늘 하지 않고 생각 속으로 미루어 둔
따뜻한 말 한마디는
결국 생각과 함께 잊혀지고
내일도 우리는 여전히 바쁠 것이다
내일도 우리는 어두운 골목길을
지친 걸음으로 혼자 돌아올 것이다

칸나꽃밭

가장 화려한 꽃이
가장 처참하게 진다

네 사랑을 보아라
네 사랑의 밀물진 꽃밭에
서서 보아라

절정에 이르렀던 날의 추억이
너를 더 아프게 하리라 칸나꽃밭

지는 동백꽃 보며

내가 다만 인정하기 주저하고 있을 뿐
내 인생도 꽃잎은 지고 열매 역시
시원치 않음을 나는 안다
담 밑에 개나리 환장하게 피는데
내 인생의 봄날은 이미 가고 있음을 안다
몸은 바쁘고 걸쳐 놓은 가지 많았지만
어느 것 하나 제대로 거두어 드린 것 없고
마음먹은 만큼 이 땅을
아름답게 하지도 못하였다
겨울바람 속에서 먼저 피었다는 걸
기억해 주는 것만으로도 고맙고
나를 앞질러 가는 시간과 강물
뒤쫓아 오는 온갖 꽃의 새순들과
나뭇가지마다 용솟음치는 많은 꽃의 봉오리들로
오래오래 이 세상이 환해지기를 바랄 뿐이다
선연하게도 붉던 꽃잎 툭툭 지는 봄날에

꽃나무

꽃나무라고 늘 꽃 달고 있는 건 아니다
삼백예순 닷새 중 꽃 피우고 있는 날보다
빈 가지로 있는 날이 훨씬 더 많다
행운목처럼 한 생에 겨우 몇 번
꽃을 피우는 것들도 있다
겨울안개를 들판 끝으로 쓸어내는
나무들을 바라보다
나무는 빈 가지만으로도 아름답고
나무 그 자체로 존귀한 것임을 생각한다
우리가 가까운 숲처럼 벗이 되어 주고
먼 산처럼 배경 되어 주면
꽃 다시 피고 잎 무성해지겠지만
꼭 그런 가능성만으로 나무를 사랑하는 게 아니라
빈 몸 빈 줄기만으로도 나무는 아름다운 것이다
혼자만 버림받은 듯 바람 앞에 섰다고 엄살떨지 않고
꽃 피던 날의 기억으로 허세 부리지 않고
담담할 수 있어서 담백할 수 있어서
나무는 그것만으로도 충분히 아름다운 것이다
꽃나무라고 늘 꽃 달고 있는 게 아니라서
모든 나무가 다 꽃 피우고 있는 게 아니라서

4

목백일홍

피어서 열흘을 아름다운 꽃이 없고
살면서 끝없이 사랑받는 사람 없다고
사람들은 그렇게 말을 하는데

한여름부터 초가을까지
석 달 열흘을 피어 있는 꽃도 있고
살면서 늘 사랑스러운 사람도 없는 게 아니어

함께 있다 돌아서면
돌아서며 다시 그리워지는 꽃 같은 사람 없는 게 아니어
가만히 들여다보니

한 꽃이 백일을 아름답게 피어 있는 게 아니다
수없는 꽃이 지면서 다시 피고
떨어지면 또 새 꽃봉오릴 피워 올려
목백일홍 나무는 환한 것이다
꽃은 져도 나무는 여전히 꽃으로 아름다운 것이다

제 안에 소리 없이 꽃잎 시들어 가는 걸 알면서
온몸 다해 다시 꽃을 피워내며
아무도 모르게 거듭나고 거듭나는 것이다

가죽나무

나는 내가 부족한 나무라는 걸 안다
내 딴에는 곧게 자란다 생각했지만
어떤 가지는 구부러졌고
어떤 줄기는 비비 꼬여 있는 걸 안다
그래서 대들보로 쓰일 수도 없고
좋은 재목이 될 수 없다는 걸 안다
다만 보잘것없는 꽃이 피어도
그 꽃 보며 기뻐하는 사람 있으면 나도 기쁘고
내 그늘에 날개를 쉬러 오는 새 한 마리 있으면
편안한 자리를 내 주는 것만으로도 족하다
내게 너무 많은 걸 요구하는 사람에게
그들의 요구를 다 채워줄 수 없어
기대에 못 미치는 나무라고
돌아서서 비웃는 소리 들려도 조용히 웃는다
이 숲의 다른 나무들에 비해 볼품이 없는 나무라는 걸
내가 오래전부터 알고 있기 때문이다
하늘 한가운데를 두 팔로 헤치며
우렁차게 가지를 뻗는 나무들과 다른 게 있다면
내가 본래 부족한 나무라는 걸 안다는 것뿐이다
그러나 누군가 내 몸의 가지 하나라도

필요로 하는 이 있으면 기꺼이 팔 한 짝을
잘라 줄 마음 자세는 언제나 가지고 산다
부족한 내게 그것도 기쁨이겠기 때문이다
나는 그저 가죽나무일 뿐이기 때문이다

종례시간

애들아 곧장 집으로 가지 말고
코스모스 갸웃갸웃 얼굴 내밀며 손 흔들거든
너희도 코스모스에게 손 흔들어 주며 가거라
쉴 곳 만들어 주는 나무들
한 번씩 안아 주고 가라
머리털 하얗게 셀 때까지 아무도 벗 해주지 않던
강아지풀 말동무 해 주다 가거라

애들아 곧장 집으로 가
만질 수도 없고 향기도 나지 않는
공간에 빠져 있지 말고
구름이 하늘에다 그린 크고 넓은 화폭 옆에
너희가 좋아하는 짐승들도 그려 넣고
바람이 해바라기에게 그러듯
과꽃 분꽃에 입맞추다 가거라

애들아 곧장 집으로 가 방안에 갇혀 있지 말고
잘 자란 볏잎 머리칼도 쓰다듬다 가고
송사리 피라미 너희 발 간질이거든
너희도 개울물 허리에 간지럼 먹이다 가거라

잠자리처럼 양팔 날개 하여
고추밭에서 노을 지는 하늘 쪽으로
날아가다 가거라

사랑은 어떻게 오는가

시처럼 오지 않는 건 사랑이 아닌지도 몰라
가슴을 저미며 오지 않는 건
사랑이 아닌지도 몰라
눈물 없이 오지 않는 건 사랑이 아닌지도 몰라

벌판을 지나
벌판 가득한 눈발 속 더 지나
가슴을 후벼 파며 내게 오는 그대여
등에 기대어 흐느끼며 울고 싶은 그대여

눈보라 진눈깨비와 함께 오지 않는 건
사랑이 아닌지도 몰라
쏟아지는 빗발과 함께 오지 않는 건
사랑이 아닌지도 몰라

견딜 수 없을 만치
고통스럽던 시간을 지나
시처럼 오지 않는 건
사랑이 아닌지도 몰라

저녁 무렵

열정이 식은 뒤에도
사랑해야 하는 날들은 있다
벅찬 감동 사라진 뒤에도
부둥켜안고 가야 할 사람이 있다

끓어오르던 체온을 식히며
고요히 눈감기 시작하는 저녁하늘로
쓸쓸히 날아가는 트럼펫 소리

사라진 것들은
다시 오지 않을 것이다

그러나 풀이란 풀 다 시들고
잎이란 잎 다 진 뒤에도
떠나야 할 길이 있고

이정표 잃은 뒤에도
찾아가야 할 땅이 있다
뜨겁던 날들은 다시 오지 않겠지만
거기서부터 또 시작해야 할 사랑이 있다

산을 오르며

  산을 오르기 전에 공연한 자신감으로 들뜨지 않고
  오르막길에서 가파른 숨 몰아쉬다 주저앉지 않고
  내리막길에서 자만의 잰걸음으로 달려가지 않고
  평탄한 길에서 게으르지 않게 하소서

  잠시 무거운 다리를 그루터기에 걸치고 쉴 때마다 계획하고
  고갯마루에 올라서서는 걸어온 길 뒤돌아보며
  두 갈래 길 중 어느 곳으로 가야 할지 모를 때도 당황하지 않고
  나뭇가지 하나도 세심히 살펴 길 찾아가게 하소서

  늘 같은 보폭으로 걷고 언제나 여유 잃지 않으며
  등에 진 짐 무거우나 땀 흘리는 일 기쁨으로 받아들여
  정상에 오르는 일에만 매여 있지 않고
  오르는 길 굽이굽이 아름다운 것들 보고 느끼어

  우리가 오른 봉우리도 많은 봉우리 중의 하나임을 알게 하소서
  가장 높이 올라설수록 가장 외로운 바람과 만나게 되며

올라온 곳에서는 반드시 내려와야 함을 겸손하게 받아들여
산 내려와서도 산을 하찮게 여기지 않게 하소서

우체통

그들이 사랑을 시작한 강가에는
키가 작은 빠알간 우체통 하나가 서 있었습니다
섶다리를 건너갔다 건너오며 사랑이 익어가고
물안개 피어오르는 하늘을 넘어 남자의 편지가 가고
저녁 물소리로 잠든 창문을 두드리는 여자의 답장이
밤마다 강을 건너가는 것을 우체통은 알고 있었습니다
두껍게 쌓인 눈이 오래도록 녹지 않던 어느 해 겨울
두 사람이 강가의 우체통 근처에서 만나
깊고 맑은 눈으로 서로를 바라보다
아주 아주 따뜻한 입맞춤을 나누는 것을
우체통은 저녁노을과 함께 바라보았습니다
아름답다고 생각했습니다 맑은 눈빛이 점점
소년처럼 변해 가는 남자의 얼굴과 소녀 같은
목소리로 사랑을 고백하는 여자의 가슴에
남자가 달아주는 반짝이는 강 햇살 한 무더기를
우체통도 가슴 뜨겁게 바라보았습니다
둘은 우체통 말고는 아무도 모르게 몰래 사랑하였습니다
이 세상 많은 사랑이 그렇게 비밀스럽게 시작하는 거라서
더욱 가슴 두근거리게 한다는 걸 알았습니다
그런 날의 사랑이 가장 맑고 지순한 사람을 만드는 걸

알았습니다 그래서 부정한 사랑조차도 그들끼린
빛나고 소중한 어떤 것이라서 보석과도
바꾸지 않는다는 걸 알았습니다
사랑이 귀한 건 사랑하는 사람의 마음을
착하고 너그럽게 만들기 때문이란 걸 우체통은
두 사람을 보고 깨달았습니다
산수유 열매처럼 붉어진 입술에서 흘러내리는
가느다란 신음에 우체통은 얼굴이 붉어져
고개를 돌리곤 했지만 돌아서서는
그 소리를 지켜주고 싶다는 생각을 했습니다
두 사람의 사랑을 이어주는 일을 하는 것만으로도
우체통은 가슴이 늘 벅차올랐습니다
두 사람이 돌아가고 난 뒤에도 우체통은
그들이 줄 수 없는 걸 주며 견딜 수 없는 걸 견디게 하는
사랑의 힘에 대해 이야기하던 목소리를
오래도록 잊지 않았습니다
이별보다는 그리움에 젖은 편지가 다시 또
남자의 창을 향해 새 떼처럼 날아가고
산 그림자를 안은 강물처럼 여자의 마음을 받아들이며
투명해진 남자가 믿음과 뜨거움이 담긴 목소리를

새벽이 밝아올 때까지 또박또박 편지지에 심어 가는
아름다운 사랑이 해와 달처럼 이어지길 빌었습니다
제발 가슴을 철렁이게 하는 편지가 우체통
바닥 깊은 곳에 던져지는 일이 없기를
한 사람의 편지만이 끝없이 쌓이고 또 쌓이는
일이 없기를 우체통은 강물에 빌고 또 빌었습니다

가구

아내와 나는 가구처럼 자기 자리에
놓여 있다 장롱이 그러듯이
오래 묵은 습관들을 담은 채
각자 어두워질 때까지 앉아 일을 하곤 한다
어쩌다 내가 아내의 문을 열고 들어가면
아내의 몸에서는 삐이걱 하는 소리가 난다
나는 아내의 몸속에서 무언가를 찾다가
무엇을 찾으러 왔는지 잊어버리고
돌아 나온다 그러면 아내는 다시
아래위가 꼭 맞는 서랍이 되어 닫힌다
아내가 내 몸의 여닫이문을
먼저 열어 보는 일은 없다
나는 늘 머쓱해진 채 아내를 건너다보다
돌아앉는 일에 익숙해져 있다
본래 가구들끼리는 말을 많이 하지 않는다
그저 아내는 아내의 방에 놓여 있고
나는 내 자리에서 내 그림자와 함께
육중하게 어두워지고 있을 뿐이다

시래기

저것은 맨 처음 어둔 땅을 뚫고 나온 잎들이다
아직 씨앗인 몸을 푸른 싹으로 바꾼 것도 저들이고
가장 바깥에 서서 흙먼지 폭우를 견디며
몸을 열 배 스무 배로 키운 것도 저들이다
더 깨끗하고 고운 잎을 만들고 지키기 위해
가장 오래 세찬 바람맞으며 하루하루 낡아간 것도
저들이고 마침내 사람들이 고갱이만을 택하고 난 뒤
제일 먼저 버림받은 것도 저들이다
그나마 오래오래 푸르른 날들을 지켜온 저들을
기억하는 손에 의해 거두어져 겨울을 나다가
사람들의 까다로운 입맛도 바닥나고 취향도 곤궁해졌을 때
잠시 옛날을 기억하게 할 짧은 허기를 메꾸기 위해
서리에 젖고 눈 맞아가며 견디고 있는 마지막 저 헌신

다시 가을

구름이 지상에서 일어나는 일에
덜 관심을 보이며
높은 하늘로 조금씩 물러나면서
가을은 온다
차고 맑아진 첫새벽을
미리 보내놓고 가을은 온다

코스모스 여린 얼굴 사이에 숨어 있다가
갸웃이 고개를 들면서
가을은 온다
오래 못 만난 이들이 문득 그리워지면서
스님들 독경소리가 한결 청아해지면서
가을은 온다

흔들리는 억새풀의 몸짓을 따라
꼭 그 만큼씩 흔들리면서
······
너도 잘 견디고 있는 거지
혼자 그렇게 물으며

가을은 온다

5

산가

어제 낮엔 양지 밭에 차나무 씨앗을 심고
오늘 밤엔 마당에 나가 별을 헤아렸다
해가 지기 전에 소나무 장작을 쪼개고
해 진 뒤 침침한 불빛 옆에서 시를 읽었다
산그늘 일찍 들고 겨울도 빨리 오는 이 골짝에
낮에도 찾는 이 없고 밤에도 산국화뿐이지만
매화나무도 나도 외롭다는 생각은 하지 않았다
매화는 매화대로 나는 나대로 그냥 고요하였다

연두

초록은 연두가 얼마나 예쁠까?
모든 새끼들이 예쁜 크기와 보드라운 솜털과
동그란 머리와 반짝이는 눈
쉼 없이 재잘대는 부리를 지니고 있듯
갓 태어난 연두들도 그런 것을 지니고 있다
연두는 초록의 어린 새끼
어린 새끼들이 부리를 하늘로 향한 채
일제히 재잘거리는 소란스러움으로 출렁이는 숲을
초록은 눈 떼지 못하고 내려다본다

바이올린 켜는 여자

바이올린 켜는 여자와 살고 싶다
자꾸만 거창해지는 쪽으로
끌려가는 생을 때려 엎어
한 손에 들 수 있는 작고 단출한 짐 꾸려
그 여자 얇은 아래턱과 어깨 사이에
쏙 들어가는 악기가 되고 싶다
왼팔로 들 수 있을 만큼 가벼워진
내 몸의 현들을 그녀가 천천히 긋고 가
노래 한 곡 될 수 있다면
내 나머지 생은 여기서 접고 싶다
바이올린 켜는 여자와 연애하고 싶다
그녀의 활에 내 갈비뼈를 맡기고 싶다
내 나머지 생이
가슴 저미는 노래 한 곡으로 남을 수 있다면
내 생이 여기서 거덜 나도 좋겠다
바이올린 소리의 발밑에
동전 바구니로 있어도 좋겠다
거기 던져 주고 간 몇 잎의 지폐를 들고
뜨끈한 국물이 안경알을 뿌옇게 가리는
포장마차에 들러 후후 불어

밤의 온기를 나누어 마신 뒤
팔짱을 끼고 어둠 속으로 사라지고 싶다
바이올린 켜는 여자와 살 수 있다면

나무에 기대어

나무야 네게 기댄다
오늘도 너무 많은 곳을 헤맸고
많은 이들 사이를 지나왔으나
기댈 사람 없었다
네 그림자에 몸을 숨기게 해다오
네 뒤에 잠시만 등을 기대게 해다오
날은 이미 어두워졌는데
돌이킬 수 없는 곳까지 왔다는 걸 안다
네 푸른 머리칼에 얼굴을 묻고
잠시만 눈을 감고 있게 해다오
나무야 이 넓은 세상에서
네게 기대야 하는 이 순간을 용서해 다오
용서해 다오 상처 많은 영혼을

하현

하현달 반쪽 달빛으로도 뜰이 환하다
산딸나무 흰 잎이 달빛으로 더욱 희게 빛나서
산짐승들 길 찾기 어렵지 않겠다
중국에서 왔다는 발효차 달여 마시며
고적의 뒤를 따라오는 호젓함을 바라본다
숲의 새들도 고요의 죽지에 몸을 묻고
입술을 닫은 한밤중
잔별 몇 개 따라 나와
밤의 한 귀퉁이 조금 더 윤이 나는데
남은 몇 모금의 환한 시간을 아껴 마시며
반쯤 저문 달 바라본다

저물 날만 남았어도 환하다는 것이 고맙다

구인산

쓸쓸해서 고맙다

쓸쓸하지 않고 어찌 시인일 수 있으랴

된새만 따라오는 저녁

혼자 넘는

구인산 고갯길

풍경

이름 없는 언덕에 기대 한 세월 살았네
한 해에 절반쯤은 황량한 풍경과 살았네
꽃은 왔다가 순식간에 가버리고
특별할 게 없는 날이 오래 곁에 있었네
너를 사랑하지 않았다면
어떻게 그 풍경을 견딜 수 있었을까
특별하지 않은 세월을 특별히 사랑하지 않았다면
저렇게 많은 들꽃 중에 한 송이 꽃일 뿐인
너를 깊이 사랑하지 않았다면

가을 오후

고개를 넘어오니
가을이 먼저 와 기다리고 있었다
흙빛 산 벚나무 이파리를 따서 골짜기 물에 던지며
서 있었다 미리 연락이라도 하고 오지
그랬느냐는 내 말에
가을은 시든 국화빛 얼굴을 하고
입가로만 살짝 웃었다
웃는 낯빛이 쓸쓸하여
풍경은 안단테 안단테로 울고
나는 가만히 가을의 어깨를 감싸 안았다
서늘해진 손으로 내 볼을 만지다
내 품에 머리를 기대오는 가을의 어깨 위에
나는 들고 있던 겉옷을 덮어주었다
쓸쓸해지면 마음이 선해진다는 걸
나도 알고 가을도 알고 있었다
늦은 가을 오후

들국화

너 없이 어찌
이 쓸쓸한 시절을 견딜 수 있으랴

너 없이 어찌
이 먼 산길이 가을일 수 있으랴

이렇게 늦게 내게 와
이렇게 오래 꽃으로 있는 너

너 없이 어찌
이 메마르고 거친 땅에 향기 있으랴

도 종 환 　　　　　　　　　　　연　보

1954년 충북 청주에서 태어났다.

1967년 청주 중앙초등학교를 졸업하고 청주 중학교에 입학하였다. 중학교 3년 내내 문예반 활동은 하지 않고 미술반에 들어가 그림을 그렸다.

1968년 아버지가 사업에 실패하여 가족이 뿔뿔이 흩어지게 되었다.

1973년 원주고등학교를 졸업했다. 미대에 가고 싶었지만 말도 꺼내지 못한 채 등록금이 면제되는 충북대 사범대 국어교육과에 입학하였다.

1977년 대학을 졸업하고 국어선생이 되어 청산고등학교에서 학생들을 가르치기 시작했다. 선생을 하고 있었지만 그때까지도 문학청년이었다.

1984년 동인지 <분단시대> 창간호를 내었고, 그 책에 「고두미마을에서」 등의 시를 발표하면서 작품 활동을 시작했다.

1985년 첫 시집 『고두미마을에서』를 창작과비평사에서 냈다.

1986년 『접시꽃당신』(실천문학사)이란 시집을 냈다.

1989년 전국교직원노동조합 결성에 참여하였다가 해직되고 투옥되었다. 충남대학교 대학원 박사과정을 수료하였으나 투옥되면서 공부를 중단할 수밖에 없었다. 시집 『지금 비록 너희 곁을 떠나지만』(제3문학사)을 냈다.

1990년 신동엽 창작상을 받았다.

1993년 시집 『당신은 누구십니까』(창작과비평사)를 냈다.

1994년 시집 『사람의 마을에 꽃이 진다』(문학동네)를 냈다.

1997년 제7회 민족예술상을 받았다.

1998년 해직 10년 만에 덕산중학교로 복직되었다. 복직하면서 주성대 문창과 겸임교수를 그만두었다. 시집 『부드러운 직선』(창작과비평사), 산문집 『그때 그 도마뱀은 무슨 표정을 지었을까』(사계절)를 냈다.

2000년 교육에세이 『마지막 한 번을 더 용서하는 마음』(사계절), 산문집 『모과』(샘터)를 냈다.

2002년 시집 『슬픔의 뿌리』(실천문학사), 동화 『바다유리』(현대문학북스)를 냈다.

2003년 건강 때문에 휴직을 하고 학교를 쉬었다. 충북 보은군 내북면 황토집으로 들어가서 지내기 시작했다.

2004년 산문집 『사람은 누구나 꽃이다』(좋은생각)을 냈다.

2006년 시집 『해인으로 가는 길』(문학동네)을 냈다. 충남대대학원에서 <오장환시연구>로 박사학위를 받았다. 올해의예술상(문학부문), 현대충북예술상(문학부문)을 받았고, '세상을 밝게 만든 100인'에 선정되기도 했다.

2007년 동화 『나무야 안녕』(나무생각)을 냈다. 시화선집 『흔들리지 않고 피는 꽃이 어디 있으랴』를 냈다.

2008년 (사)한국작가회의 사무총장을 맡았다. 산문집 『그대 언제 이 숲에 오시렵니까』(좋은생각), 동시집 『누가 더 놀랐을까』(실천문학사)를 냈다.

2009년 정지용문학상을 받았다.

2010년 산문집 『마음의 쉼표』(프레시안북)을 냈다. 윤동주상을 받았다.
2011년 작곡가 『정순철평전』을 냈다. 시집 『세 시에서 다섯 시 사이』(창비)를 냈다. 백석문학상을 받았다. 산문집 『꽃은 젖어도 향기는 젖지 않는다』를 냈다.
2012년 민주통합당 비례대표 국회의원이 되었다. 공초문학상을 받았다. 산문집 『너 없이 어찌 내게 향기 있으랴』(문학의 문학)를 냈다. 『도종환의 오장환 시 깊이 읽기』(실천문학사)를 냈다.

〖한국대표명시선100〗을 펴내며

　한국 현대시 100년의 금자탑은 장엄하다. 오랜 역사와 더불어 꽃피워온 얼·말·글의 새벽을 열었고 외세의 침략으로 역경과 수난 속에서도 모국어의 활화산은 더욱 불길을 뿜어 세계문학 속에 한국시의 참모습을 드러내게 되었다.

　이 나라는 글의 나라였고 이 겨레는 시의 겨레였다. 글로 사직을 지키고 시로 살림하며 노래로 산과 물을 감싸왔다. 오늘 높아져 가는 겨레의 위상과 자존의 바탕에도 모국어의 위대한 용암이 들끓고 있음이다.

　이제 우리는 이 땅의 시인들이 척박한 시대를 피땀으로 경작해온 풍성한 시의 수확을 먼 미래의 자손들에게까지 누리고 살 양식으로 공급하는 곳간을 여는 일에 나서야 할 때임을 깨닫고 서두르는 것이다.

　일찍이 만해는 「님의 침묵」으로 빼앗긴 나라를 되찾고 잃어가는 민족정신을 일으켜 세우는 밑거름으로 삼았으며 그 기룸의 뜻은 높은 뫼로 솟아오르고 너른 바다로 뻗어나가고 있다.

　만해가 시를 최초로 활자화한 것은 옥중시 「무궁화를 심으라」(<개벽> 27호 1922.9)였다. 만해사상실천선양회는 그 아흔 돌을 맞아 만해의 시정신을 기리는 일의 하나로 '한국대표명시선100'을 펴내게 된 것이다.

　이로써 시인들은 더욱 붓을 가다듬어 후세에 길이 남을 명편들을 낳는 일에 나서게 될 것이고, 이 겨레는 이 크나큰 모국어의 축복을 길이 가슴에 새겨나갈 것이다.

만해사상실천선양회

한국대표명시선100 | 도종환

담쟁이

1판1쇄 발행　2012년 8월 10일
1판7쇄 발행　2023년 6월 15일

지 은 이　도종환
뽑 은 이　만해사상실천선양회
펴 낸 이　이창섭
펴 낸 곳　시인생각
등 록 번 호　제2012-000007호(2012.7.6)
주　　　소　경기도 고양시 일산동구 호수로 688. A-419호
　　　　　　㉾410-905
전　　　화　050-5552-2222
팩　　　스　(031) 812-5121
이 메 일　lkb4000@hanmail.net

값 6,000원

ⓒ 도종환, 2012

ISBN 978-89-98047-02-3　03810

* 저자와의 협의에 의하여 인지를 생략합니다.
* 이 책의 저작권은 저자와 시인생각에 있습니다.
* 잘못된 책은 책을 구입하신 서점에서 교환하여 드립니다.

※ 이 책은 만해사상실천선양회의 지원으로 간행되었습니다.